AF385179

Cercle catholique des Etudiants

Madame Valentine de Lamartine

Conférence faite le 3 Décembre 1894

PAR

M. l'Abbé MUGNIER

Second Vicaire de N.-D. des Champs

Chez Pillu-Vuillaume
Editeur de la Chronique Jeanne d'Arc
9, rue Soufflot
PARIS

Madame Valentine de Lamartine

Conférence faite le 3 Décembre 1894

PAR

M. l'Abbé MUGNIER

Second Vicaire de N.-D. des Champs

Chez Pillu-Vuillaume

Editeur de la Chronique Jeanne d'Arc

9, rue Soufflot

PARIS

On a glorifié les mères des grands hommes et nous devons à une plume chrétienne un livre récent sur les mères des Saints. La compagne de l'écrivain qui a bien mérité de la foi et des lettres, partage avec lui notre admiration. C'est ainsi qu'on se souviendra toujours de Mme Charles Lenormant et que le Cercle du Luxembourg pleure encore Mme Frédéric Ozanam. Que dire des sœurs qui s'appellent Gilberte et Jacqueline Pascal, Lucile de Châteaubriand, Eugénie de Guérin ?

Hâtons-nous d'ajouter toutefois que mères, épouses et sœurs ne peuplent pas, à elles seules, toute la galerie familiale, et qu'il y a aussi les nièces.

On a trop peu parlé des nièces et ce coin aimable de la psychologie est encore à explorer. Elles ont cependant leur physionomie à part, leur rôle bien tracé, et il est plus facile de les définir que de les remplacer.

Une nièce, en effet, est, pour ainsi dire, une seconde fille. Tant que la première existe, celle qui est en titre, la nièce se tient à distance. Bien que son oncle aime beaucoup à se parer d'elle et qu'il lui prodigue les attentions les plus délicates, celle-ci très reconnaissante de ce qu'elle reçoit, ne fait pas étalage de ce qu'elle donne.

Ce serait une erreur d'en conclure qu'elle est seulement décorative. Il y a en elle toute une force en réserve qui ne demande qu'à être employée, des trésors cachés qui ne demandent qu'à être dépensés. Il suffit qu'une occasion se produise, qu'une catastrophe éclate, et la preuve est faite aussitôt. Que l'enfant chéri qui unissait le père et la mère vienne à disparaître, alors la nièce, qui est libre de son temps et qu'aucune autre obligation enchaîne, sort de l'ombre où elle s'était complue, et elle, si discrète la veille, s'enhardit jusqu'à solliciter au foyer désert une place qui ne lui est jamais refusée. Or, chose étonnante, elle se trouve tout de suite à la hauteur de sa tâche : on dirait qu'elle a fait son apprentissage, son noviciat filial, tant elle s'efforce, non de faire oublier, mais de continuer celle qui n'est plus.

Elle obéit à son oncle, elle accompagne sa tante, elle rend à tous les deux ces mille petits services dont se compose la vie d'intérieur et dans lesquels une autre excellait.

Et si des circonstances particulières ont aggravé ce premier malheur, si cette maison a été dévastée jusque dans ses fondements, la fille adoptive n'hésitera pas à s'y enraciner davantage. Elle s'inspire en cela de son cœur qu'encourage et bénit une voix d'outre-tombe. Elle fermera enfin les yeux de son second père et de sa seconde mère, et consacrera le reste de ses jours au culte de leur mémoire.

Voilà la nièce idéale, mais non imaginaire, car nous l'avons connue, admirée, pleurée, en la personne de Mme Valentine de Lamartine.

Je viens rendre un humble hommage à cette noble femme, en demandant pardon d'avance à ceux qui m'entendent, et en particulier aux membres de son illustre famille, d'être l'historien médiocre d'une vie qui fut sublime ; car ce que Julia eût été pour son père vivant et mort, Valentine l'a été elle-même ; et la postérité qui ne séparera pas ce que Dieu a uni, qui rassemblera, dans un seul et même médaillon, la femme, la fille et la nièce, la saluera comme un ange de dévouement, de grâce et d'espérance.

J'ai prononcé le nom de Julia. Il faut bien rappeler ce poème de douleur.

Vous vous souvenez que Lamartine s'était marié, à Chambéry, en 1820, avec une Anglaise, miss Birch, qui, à défaut de la beauté extérieure, avait reçu tous les dons de l'âme : un esprit élevé, un caractère énergique, le goût des arts, la piété et la charité. Deux enfants naquirent de cette union. Alphonse, qui eut l'insigne faveur d'être trempé dans les fonts baptismaux de Saint-Pierre de Rome, mourut au bout de quelques mois. Mais il laissait une sœur cadette, Marie-Louise-Julie. Oh ! qui dira combien elle était adorée ! C'est que les grands poètes ont le cœur paternel, et que leur génie qui est une force appelle aussi la tendresse. Il faut au chêne un banc de mousse à ses pieds et des nids dans ses branches. Voyez Déborah près de Milton, lord Byron et Adda, Hugo avec Léopoldine, Lamartine et Julia !

Le père appliqua tout de suite à sa fille ses procédés descriptifs. « Elle est la merveille des merveilles... Je ne lui connais pas une imperfection physique ou morale. » — « C'est un enfant sans défaut : le caractère d'un mouton et l'esprit d'un aigle (1). »

1. *Correspondance de Lamartine,* t. IV, année 1828.

Lamartine se trompe : une santé trop frêle est une imperfection. Or, telle était celle de Julia qui exigeait des soins, inspirait même des craintes, lorsque ses parents réalisèrent le malencontreux projet de voyager en Orient. Nourri de bonne heure des souvenirs bibliques, Lamartine brûlait, depuis l'âge de huit ans, du désir d'aller visiter ces contrées (1). Il espérait y puiser des couleurs pour « une vaste et religieuse épopée dont ces beaux lieux seraient la scène principale (2) ». Le soleil et les cèdres l'attiraient à l'envi, sans parler des traces de Châteaubriand, trop récentes pour être effacées. Mais tandis que le premier pèlerin de ce siècle voyageait avec Julien, son domestique, ce fut en oriental que Lamartine partit pour l'Orient. Qu'on se représente un brick de deux cent cinquante tonneaux, de seize hommes d'équipage, armé de quatre canons, enrichi de tout un arsenal de fusils, de pistolets et de sabres, et d'une bibliothèque de cinq cents volumes : le tout pour transporter, de Marseille aux rivages de l'Asie, trois personnes : le père, la mère et l'enfant !

D'abord tout alla bien. Tantôt Julia jouait avec a chèvre qui lui donnait son lait pendant que de beaux et doux lévriers mordillaient ses longs et

1. *Voyage en Orient*, t. Ier.
2. *Voyage en Orient*, t. Ier.

blonds cheveux, tantôt elle s'extasiait au lever de la pleine lune qu'elle prenait pour un navire en feu (1). Cependant le mal dont elle avait déjà souffert ne tardait pas à se réveiller plus terrible. Le 23 août, Lamartine écrit au milieu des Cyclades : « Je passe la nuit à soigner l'enfant (2). » A peine eût-elle touché terre, que l'air des montagnes parut la rétablir. Alors montée sur un cheval du désert, dont un domestique tenait la bride, elle s'épanouissait « dans une ivresse complète de la nature, du mouvement, du bonheur d'exister, de voir et de sentir (3) ». « Oh! que Dieu est bon, disait-elle, de m'avoir choisie pour me faire contempler, si jeune, de si belles choses! (4) » Cette amélioration ne dura pas longtemps. Bientôt elle ne pouvait plus sortir de la maison que son père avait louée, dans les environs de Beyrouth, pour y passer l'hiver, et elle succombait en cinq jours, malgré tous les dévouements qu'on rencontre, même à l'étranger, car la douleur est un langage intelligible sous toutes les latitudes et qui réunit ceux que tout divise. Cela se passait le 6 décembre 1832. Lamartine en fut accablé (5). Sa douleur s'exprima en prose, elle

1. *Voyage en Orient*, t. Ier.
2. *Voyage en Orient*, t. Ier.
3. *Voyage en Orient*, t. III.
4. *Voyage en Orient*, t. II.
5. « Mon âme est frappée plus à mort qu'elle ne fût

jaillit en vers, mais vers et prose n'en épuisèrent pas l'amertume.

Mesdames, si Julia était condamnée à une fin prématurée, il faut avouer que le lieu et l'heure étaient bien choisis. Le Christ dut sourire à cette petite enfant (elle avait dix ans) qui était venue de si loin unir sa mort à la sienne, au pays des saints Innocents; et pour boire le calice d'un seul trait, le pauvre père n'avait qu'à incliner la tête sous les oliviers de Getsémani.

Dieu lui ménageait une autre consolation. A Mâcon, grandissait une nièce qui avait un an de plus que Julia (Valentine est née à Saint-Amour, dans le Jura, le 21 mars 1821), une nièce qui ressemblait étonnamment à sa cousine, comme Julia ressemblait à sa grand'mère, Mme de Lamartine, et cette similitude d'âge et de traits jointe à d'autres particularités devait expliquer, en les justifiant, toutes les préférences de son oncle.

- En prenant Valentine dans ses bras, le poète éploré croyait ressaisir tout ce qu'il avait perdu :

Son regard par ses yeux semblait me revenir;
Mon bonheur n'avait fait que changer de visage (1).

Toutefois, nous ne la voyons pas se fixer im-

jamais. » (Lettre de Lamartine au comte de Virieu, t. IV, année 1833.)

1. Gethsémani ou la mort de Julia, *Voyage en Orient*, t. II.

médiatement auprès de lui, et cela pour bien des raisons. D'abord elle était trop jeune. Ensuite elle se devait à ses plus proches parents. Enfin et surtout, Lamartine pouvait se passer de sa présence. Songez qu'il était dans toute la force de l'âge, de la gloire et de la fortune.

A son retour en France, un siège de député l'attendait. Il restait poète et devenait orateur. On sait la suite. Il contribuait à renverser le gouvernement de Juillet ; il était envoyé à l'Assemblée par dix départements ; il était acclamé, lui aussi, par ses compatriotes, comme le libérateur du territoire ; car, d'un geste, il avait éloigné le socialisme, cet ennemi plus envahissant et plus redoutable que l'étranger, puisqu'il vient du dedans et qu'il déchire nos entrailles.

Le nom d'Alphonse de Lamartine sortait donc de toutes les lèvres, comme ses vers chantaient dans toutes les mémoires. A de telles hauteurs, pouvait-il ne pas se suffire à lui-même ? Aussi sa nièce de prédilection se contentait-elle de l'admirer, de se réjouir de ses triomphes, de lui en souhaiter de nouveaux ; mais elle n'eût osé faire davantage, jusqu'au jour où la loi qui fait succéder la décadence à la grandeur s'accomplit dans sa rigueur inexorable.

Cinq ans s'étaient à peine écoulés, depuis la dernière page d'histoire qu'il avait écrite et vécue, que la scène avait changé. Tous les partis, sans exception, se rencontraient dans une antipathie commune à l'endroit de celui qui les avait vaincus, servis ou dominés.

Prononcer son nom, c'était faire la concentration. S'il fût remonté au balcon de l'Hôtel de Ville, on l'eût baillonné avec ce même drapeau rouge dont il avait déchiré les plis. Et puis on découvrait, après coup, qu'il y a incompatibilité entre diverses aptitudes; qu'on ne peut pas être tout à la fois poète et homme d'action; on lui reprochait d'avoir été secrétaire d'ambassade (1), député, ministre des affaires étrangères; d'avoir brûlé ses ailes à la rampe de la tribune, comme si le don de penser, de parler et d'écrire équivalait à un brevet d'incapacité pour une administration quelconque.

Il est vrai que, par un côté, la conduite de Lamartine donnait raison à ses adversaires. Quel dépensier de génie! Voyages, achats de terres, aumônes, tout était pour lui prétexte à creuser un abîme qui ne se refermait plus. Eût-il été le Pactole en personne, il eût trouvé le moyen, en inondant le monde entier, de se tarir lui-même. Certes il y a lieu de le blâmer de n'avoir su être ni prudent ni pratique. L'argent est une force

1. Lire la délicieuse étude consacrée par M. le comte E. Frémy à *Lamartine diplomate*, Paris, de Soye.

qu'on ne manie pas sans responsabilité. Mais laissez-moi plaider les circonstances atténuantes. Il était un poète qui avait doté la France de tant de chefs-d'œuvre, et depuis que j'ai vu des gens qui n'avaient pas cette sublime excuse ruiner froidement leur pays, mon indulgence pour Lamartine s'en est accrue d'autant et je suis certain d'être votre interprète en l'absolvant aujourd'hui.

Moins avancé dans la vie, il eût eu plus de force de résistance. Quand on est vaincu, mais jeune, on n'est qu'à demi-vaincu. La jeunesse est une promesse de revanche. Mais Lamartine avait alors soixante-trois ans, et lés années comptent double à remuer ciel et terre, le ciel pour y chercher l'inspiration, la terre pour y faire régner un peu de justice et de liberté. Vieux, pauvre, impopulaire, tel était ce grand homme, en 1853. J'imagine qu'à ce moment, il dût s'arrêter, plus d'une fois, pensif, et évoquer cette pauvre petite fille qui était morte là-bas, en Syrie, au pied du Liban, et dont il avait ramené à Saint-Point la dépouille embaumée. C'est maintenant que Julia lui manquait. Comme il mesurait la largeur et la profondeur du vide que sa disparition avait fait ! Lamartine aux bras de cette enfant eût défié le monde entier. A ses amis et à ses ennemis, il eût tenu ce langage : La France m'abandonne, j'en gémis, mais ma fille me reste. Antigone suffit à Œdipe détrôné.

Heureusement que Julia n'était pas morte tout entière, puisqu'elle revivait en Valentine. C'est alors que cette nièce qui guettait l'heure de prouver à son oncle l'attachement qu'il lui inspirait, sollicita l'honneur non plus de faire auprès de lui quelques apparitions, comme par le passé, mais de rester à ses côtés. Semblable à la sœur de charité qui pénètre sous le toit du pauvre, sans faire de bruit, avec le sourire aux lèvres, Valentine entra dans cette maison jadis brillante, et maintenant assombrie, elle y entra et elle y resta, pour y personnifier le dévouement, la grâce et l'espérance. Pouvait-il en être autrement? Elle était la fille aînée de Cécile.

Vous souvenez-vous de cette page des *Nouvelles confidences* où Lamartine nous peint sa mère et ses sœurs descendant, à la sortie de la grand'messe, les marches de la vieille église de Mâcon? Il y a là matière à un tableau de genre exquis. « On la croyait (il parle de sa mère) toujours à vingt ans, car elle n'avait que l'âge de ses impressions, et ses impressions avaient l'éternelle fraîcheur de son éternelle virginité d'esprit. Entre elle et ses filles, il n'y avait que la distance de la branche au fruit, le regard les cueillait ensemble et ne les séparait pas...

« L'aînée des filles de ma mère, qui n'avait encore que dix-huit ans, s'appelait Cécile. Sa taille splendide eût été déjà au niveau de celle de ma mère, si l'extrême modestie de sa nature n'avait un peu penché sa tête en avant et abaissé ses yeux pour échapper aux regards...

« Je ne sais dans quel rayonnement de splendeur douce cette physionomie nageait, mais on n'en discernait que le charme.

« Aussi était-elle la beauté populaire de la famille, celle qu'on citait, celle qu'on préférait, celle qu'on aimait à voir passer dans les rues... Les boutiques, les rues et les pavés en étaient épris. Elle ne s'en doutait pas ; elle avait pour toute coquetterie ses simplicités, ses timidités, grandissant encore, en retard sur ses années par l'enfance prolongée de son cœur (1). »

Cécile épousa plus tard M. de Cessia, dont elle eut plusieurs enfants et en premier lieu Valentine.

Cécile garda, toute sa vie, le charme de ses premières années. Quand elle mourut en 1862, sa belle-sœur, Mme de Lamartine traçait, en quelques mots, son oraison funèbre : « Je l'apprécie ce qu'elle valait : bonté, abnégation, tout pour les autres. Et cela avec un si aimable sourire qu'il semblait qu'elle faisait tout pour son

1. *Nouvelles confidences,* livre Ier.

propre plaisir. Ah ! quelle perte ! Chaque jour dévoilera sa profondeur ! »

C'est de sa mère que Valentine avait hérité, en particulier, la pratique du dévouement.

Le dévouement, c'est-à-dire, le don de soi. Il est toujours beau de donner, même quand ce qu'on donne a peu de prix. Mais quand on donne cette chose que Dieu a faite et qui s'appelle la jeunesse ; quand librement, on renonce à tout le bonheur réel et possible pour qu'un autre soit plus entouré, plus respecté, plus aimé ; quand on fait cela, non pas un jour, mais le lendemain, mais après ; quand on renouvelle son sacrifice, pendant quinze ans, ah ! c'est alors que le dévouement prend des proportions héroïques, et quelle que soit la scène où il se produise, qu'il éclate dans une mansarde ou dans un palais, dans le monde ou derrière une grille, il nous arrache des larmes qu'on ne voudrait jamais essuyer.

Tel fut celui de Valentine. Belle et déjà recherchée, elle fit d'elle-même et joyeusement l'abandon de tous les succès personnels pour réaliser la formule de Kundry, dans Parsifal : « Servir, servir ! »

Accablé de dettes, mais soucieux d'en remettre au moins les intérêts aux vignerons du Mâconnais, pour que l'honneur fût sauf (1), Lamartine se

1. Il le fut, comme l'attestent ces paroles de M. d'Es-

condamnait à un travail de *galérien*. Que deve-
naient les rêves d'antan ? « Quand mes cheveux
blanchiront, je me reposerai en ne chantant plus
que Dieu. » Hélas ! au lieu du repos, c'était le
surmenage et ce chant n'était qu'un soupir. Il
entassa donc des Pélion de livres sur des Ossa
de revues.

Valentine lui servit tout de suite de secrétaire
intime. Elle avait déjà quelque expérience de ces
fonctions, si nous en croyons un certain post-
criptum d'une lettre adressée, en 1842, à Mme de
Cessia : « Dis au secrétaire Valentine de nous
écrire souvent (1). » Rien de plus inventif que le
dévouement. Il alla jusqu'à inspirer à Valentine
d'imiter l'écriture de son oncle au point que plus
d'un expert s'y est mépris. Que de prétendus
autographes qui n'ont pas d'autre origine ! Gar-
dez-les quand même, Mesdames et Messieurs.
Lamartine ne les désavouerait pas. C'était le
même cœur, sinon la même main qui les avait
tracés.

· Elle se livrait donc à une foule de petits travaux
de détail qui aidaient beaucoup à la besogne

grigny : « Si vous succombez, vous pourrez du moins être
fier devant vos créanciers, comme devant vous-même, en
leur montrant tout ce que vous aurez fait pour les satis-
faire. Ce seraient les derniers des hommes, s'ils n'en
étaient frappés de respect. » (Lettre à Lamartine, 1865.)
1. *Correspondance de Lamartine,* t. VI.

d'ensemble. Elle copiait, elle relisait, elle corrigeait; qui sait même si sa collaboration ne s'étendait pas plus loin?

C'est ce qui fait le charme de ces entretiens mensuels qui paraissaient sous le titre de *Cours familier de littérature*.

Pourquoi ne pas l'avouer? J'ai un faible marqué pour les dernières productions du génie.

Il en est du génie comme des oiseaux. Le matin, sans doute, ils chantent délicieusement. Toutefois, si mon oreille distraite laisse s'égarer quelques notes, je m'en console vite à l'idée que le concert dure encore et que j'ai toute la journée pour l'écouter à mon aise. Mais quand la nuit tombe, il faut rester au pied de l'arbre, et retenir son souffle. Dans une dernière modulation, l'oiseau, pour ainsi dire, se résume lui-même et je me dis, en la recueillant : c'est fini, je ne l'entendrai plus!

Ainsi des *novissima verba* de tout grand écrivain.

C'est pour cette raison que, dussé-je scandaliser certains hommes de goût, j'admire tant les *Mémoires d'outre-tombe* de Châteaubriand et le *Cours familier de littérature* de Lamartine.

Négligences, répétitions et longueurs ne m'effraient pas. Eh! mon Dieu, tout cela existe dans la nature elle-même! Mais ces dernières pages, et

je parle en particulier de celles que Lamartine a si-
gnées, renferment de ces formules où le poète désa-
busé, plus maître de lui-même, a condensé, sous
une forme immortelle, son expérience définitive des
hommes et des choses. Et j'ajoute qu'il y a plus
et mieux que cela, car je lis, entre les lignes, le
courage de l'oncle et la piété filiale de la nièce.
Messieurs les critiques, ne maniez pas brutalement
ces vingt volumes : c'est le dernier livre du génie
revu, corrigé et enrichi par le dévouement.

Quand elle quittait la table de travail, c'était
pour s'asseoir au chevet de sa tante et de son
oncle souvent malades. Elle trouvait ce dernier
« si bon et si charmant même au milieu de ses
souffrances (1) ». Elle se dévouait, sous toutes les
formes, parce qu'elle aimait. Aussi Lamartine, à
qui rien n'échappait des choses de l'âme, lui
rendait-il pleinement justice, dans une pièce trop
peu connue dont il lui a fait hommage et qui
s'appelle : *La Fleur des eaux* :

> Dans les climats d'où vient la myrrhe,
> Loin des rivages, sur les flots,
> Il naît une fleur qu'on admire,
> Et dont l'odeur, quand on l'aspire,
> Donne l'extase aux matelots.

1. Mme Valentine à M. le baron de Chamborant de
Périssat, *Lamartine inconnu*, VIII.

Savez-vous son nom?
Le flot le soupire,
Il meurt sans le dire.
Savez-vous son nom?
Oh non!

. . . .

Les cygnes noirs nagent en troupe,
Pour voir de près fleurir ses yeux;
Le pêcheur, penché sur sa poupe,
Croit qu'une étoile du saint groupe
Est tombée en dormant des cieux.

Savez-vous son nom?
Le flot le soupire,
Il fuit sans le dire.
Savez-vous son nom?
Oh non!

. . . .

Le marin dit : « Comment prend-elle
« Sa douce vie au flot amer?
« Plante unique et surnaturelle,
« Pour puiser sa sève immortelle,
« Plonge-t-elle au fond de la mer? »

Savez-vous son nom?
Le flot le soupire,
Il fuit sans le dire.
Savez-vous son nom?
Oh non!

Le secret de la fleur marine
Je le sais par une autre fleur:

Plante sans tige et sans racine,
Chacun cherche et nul ne devine
Que sa sève sort d'un seul cœur.

Savez-vous son nom?
Le flot le soupire,
Il fuit sans le dire.
Savez-vous son nom?
Oh non! (1)

Lui, il savait son nom. Il savait aussi que la sève de cette fleur vivante sortait de son propre cœur, pour exhaler tous les parfums du sacrifice et du dévouement.

Et avec quelle grâce, Valentine s'acquittait de sa tâche! On ne définit pas la grâce : elle échappe à l'analyse, comme toute nuance. Elle est faite de bonté, de douceur et de gaieté.

Ce qu'il fallait de grâce pour désarmer les ennemis, et quels ennemis! Des créanciers qui montaient la garde auprès d'un vieillard aux abois, des huissiers qui le menaçaient sans relâche.

La nièce fut, dans les premières années, chargée de la délicate et pénible mission de les recevoir, elle employait son éloquence persuasive à les faire patienter, à obtenir d'eux un sursis, à éveiller, dans ces cœurs inflexibles, un peu de compassion.

1. *Harmonies poétiques et religieuses,* livre IV.

Ce qu'il fallait de grâce pour accueillir les amis restés fidèles et pour les retenir !

Qui donc a prétendu que Lamartine était un égoïste ? On reconnaît l'égoïste à ce signe qu'il est isolé. Or, ce fut la gloire de cet homme d'être entouré, suivi, servi, après comme avant sa chute. La mort éclaircissait les rangs des siens, non la défection. Eh bien ! à user de leurs pas le seuil de la rue de la Ville-l'Évêque et du chalet de Passy, ces courtisans du malheur ont acquis la plus enviable des gloires.

Tant que Mme de Lamartine vécut, Valentine se joignit à elle pour leur faire les honneurs du salon. Sa tante disparue, elle continua ses traditions d'aimable hospitalité. Il est touchant de voir les historiens des dernières années, Henri de Lacretelle, Charles Alexandre, le baron de Chamborant de Périssat, tous venus des quatre coins de l'horizon pour y retourner ensuite, déposer de concert, aux pieds de Mme Valentine, l'hommage de leur admiration reconnaissante.

Ce qu'il fallait de grâce surtout à la nièce pour empêcher l'oncle de s'aigrir ! L'ingratitude de ses concitoyens le hantait à toute heure. Ne l'avait-il pas pressentie, en la flétrissant, dès 1827 ?

> Vils profanateurs que vous êtes,
> Aux yeux des siècles indignés,

Croyez-vous couronner vos têtes
Des rayons que vous éteignez? (1)

Maintenant il l'expérimentait pour son compte. Oh! comme elle lui pesait! Les vers où il invitait le comte d'Orsay à briser son buste en font foi :

Oui, brise, ô Phidias!... Dérobe ce visage
A la postérité qui ballotte une image
De l'Olympe à l'égout, de la gloire à l'oubli!
Au pilori du temps n'expose pas mon ombre!
Je suis las des soleils, laisse mon urne à l'ombre ;
Le bonheur de la mort c'est d'être enseveli.

Que la feuille d'hiver au vent des nuits semée,
Que du côteau natal l'argile encore aimée,
Couvrent vite mon front moulé sous son linceul,
Je ne veux de vos bruits qu'un souffle dans la brise,
Un nom inachevé dans un cœur qui se brise!
J'ai vécu pour la foule, et je veux dormir seul! (2)

Mais voici que Valentine paraissait. La crise était conjurée. Comme Mme de Stein, l'Égérie de Gœthe, à Weimar, elle méritait d'être appelée : « Celle qui apaise. »

Lamartine se comparait, dans l'une de ses der-

1. Sur l'ingratitude des peuples. *Nouvelles méditations poétiques.*
2. *Recueillements poétiques.*

nières lettres, à « l'araignée qui refait sa toile autant de fois qu'on la lui brise (1) ». Oui, mais il oubliait de dire que l'araignée fait sa toile dans un rayon de soleil. Ce rayon de soleil, c'était Valentine.

« Valentine, écrivait-il, en 1863, à M. de Chamborant, me désattriste tout (2). »

Il avouait déjà, en 1860, que, sans elle, « sa demeure ne serait qu'un sépulcre anticipé (3) ».

C'est que personne plus qu'elle ne représentait mieux l'espérance aux yeux d'un homme qui perdait, chaque jour, tout ce qui pouvait le rattacher à la vie.

Il perdait d'abord Milly, cette petite maison où sa mère avait tant prié et pleuré, ce petit jardin dont chaque arbre, chaque œillet, chaque mousse était un souvenir (4). Pour un cœur aussi tendre que le sien, qui avait à un degré unique la religion des ancêtres, vendre ce coin de terre pierreux, dominé par des côteaux arides, c'était une profanation.

Mme Valentine m'a raconté comment son oncle, après avoir visité, une dernière fois, ces lieux, avant de suspendre le fatal écriteau à vendre, entra

1. *Lamartine inconnu,* par M. le baron de Chamborant de Périssat.
2. *Lamartine inconnu.*
3. *Lamartine inconnu.*
4. *Nouvelles confidences.*

un jour brusquement dans le salon, et y jeta une poignée de lierre, avec un flot de larmes, en s'écriant : « C'est tout ce qui me reste de Milly ! »

« Sauvez donc des patries de l'anarchie et de la guerre étrangère, écrivait-il peu de temps après, voilà la récompense : un foyer vendu et perdu, juste retour de tant de foyers défendus ! » (1)

Les épreuves se succédaient comme des coups de foudre. Mme de Lamartine expirait le 21 mai 1863.

Et dans quelles conditions particulièrement poignantes elle s'en allait d'un monde où elle s'était constamment effacée, où elle avait passé en faisant le bien !

Son mari, atteint d'un mal qui ne lui permettait pas de quitter le lit, n'était séparé de l'agonisante que par une cloison assez légère pour qu'une plainte glissât au travers, assez épaisse pour intercepter toute consolation. Quoi ! il laisserait partir cette compagne de plus de quarante ans sans lui adresser un suprême adieu, sans la remercier au moins d'un regard de tout ce qu'il lui devait de joie et de courage, sans lui crier au revoir dans une vie meilleure ! Il fallait se résigner cependant à être si près et si loin tout ensemble et à escorter

1. *Lamartine inconnu,* lettre de 1861.

de ses seuls regrets des restes qu'il eût voulu arroser de ses larmes.

Ce n'est pas tout. Ce qui achevait d'assombrir la situation de Lamartine et de la marquer d'un caractère irréparable, c'est qu'à toutes ces ruines s'ajoutait celle de ses facultés. Oui, on assistait, impuissant, à ce spectacle qui contenait autant de leçons que de mélancolie : l'écroulement successif des diverses parties dont se composait l'une des plus hautes intelligences de ce temps. Ce foyer s'éteignait, cette bouche d'or se fermait, cette lyre se brisait. Mais au sein de ces débris la conscience demeurait entière pour que le poète n'ignorât aucun détail de son martyre (1) et qu'il le rendît expiatoire et méritoire.

Devant un tel surcroît d'épreuves, il serait naturel de croire que Lamartine a été tenté de pessimisme et qu'il y a cédé. Il n'en fut rien. Quelqu'un était là pour lui rappeler que tout est perdu, en apparence seulement, tant que le ciel existe. On eût dit que Valentine en descendait elle-même pour en être la preuve vivante.

En même temps qu'avec une délicatesse toute maternelle elle veillait sur cet enfant octogénaire, il lui était donné de compléter l'œuvre plus importante qu'elle avait entreprise.

1. Il disait à l'un des membres de sa famille qui me l'a répété : « Dieu m'a bien puni en m'ôtant la pensée ».

Sans jamais renier la foi qui s'identifiait avec ses premiers souvenirs, le chantre de l'*Hymne au Christ* n'en avait pas toujours fait la règle de sa vie, et Montalembert avait pu regretter « qu'une âme aussi élevée que la sienne ne fût pas irrévocablement ancrée sur le rocher de la certitude catholique (1) ».

Mais, instruit par l'expérience, averti par le malheur, bien avant la diminution de ses forces, il revenait sincèrement à une conception moins flottante de la religion, à une pratique plus positive de ses devoirs.

Valentine contribua efficacement à cette évolution. Elle accompagnait son oncle aux conférences de Notre-Dame, elle lui ménageait des entrevues avec des prêtres distingués, elle écrivait, sous sa dictée, le XIIe entretien sur Job, qui est une confession générale, le XXXIIIe, qui est une théorie de la prière, le CXXII[e], sur l'*Imitation*, et tant d'autres pages qui retentissent de *meà culpâ* et de cris d'espérance (2). Plus de révolte comme autrefois. Le vieillard comprenait maintenant que « la suprême sagesse est d'accepter ce que Dieu veut (3) » et d'aspirer à « l'éternelle réu-

---

1. Lettre à Lamartine, 1844.
2. « Je m'humilie et je me repens!... J'espère. » (XIIe Entretien.)
3. CXX[e] Entretien.

nion des âmes chéries dans le sein du maître doux, clément et miséricordieux (1) ». La présence réelle de Valentine avait opéré ce miracle. Est-ce que le doute était possible à ses côtés? Est-ce qu'une vertu ne sortait pas habituellement de ses lèvres et de son cœur? Elle incarnait là la piété, dans tous les sens de ce mot. J'ai eu sous les yeux un document inédit qui jette une vive lumière sur ses dispositions intérieures. En tête d'un papier dont l'écriture jaunie révèle une date assez lointaine, on lit cette dédicace : *Prière à l'ange gardien de mon oncle.* « Séchez ses larmes, lui dit-elle, s'il en répand. Relevez son courage, s'il est tenté de s'abattre, que son bonheur soit ma récompense, et ne permettez pas que ma vie soit plus longue que la sienne. »

L'ange gardien de son oncle! Mais ils étaient deux à se partager cette mission; l'un qui restait invisible, l'autre qui avait pris les traits d'une nièce, et l'oncle était bien gardé : gardé dans la vie et dans la mort.

Quand Lamartine perdit Julia, une ode de condoléances lui fut adressée, du fond de la Hollande, qui avait valu à son auteur ce souhait du père éploré :

Pour ce tribut pieux, de ta paupière humide,
Puisses-tu, jusqu'au soir de tes jours de bonheur,

1. CI[e] Entretien.

Ne voir à ton foyer jamais de place vide
D'abîme creusé dans ton cœur :
Et puisse à ton chevet, veillant ton agonie,
Une enfant dans son sein recevoir ton adieu,
Essuyer ta sueur, et comme un doux génie,
Cacher la mort et montrer Dieu ! (1)

Ce qu'il avait désiré pour autrui lui fut accordé à lui-même. Valentine cacha la mort et montra Dieu, elle le montra en la personne du prêtre, et de quel prêtre ! M. l'abbé Deguerry, l'ancien confesseur de Châteaubriand et le futur otage de la Commune. Son ministère était facile : présenter aux lèvres du mourant le crucifix qu'il avait chanté.

Voilà le souvenir et voilà l'espérance ! (2)

Nous qui avons vu depuis des hommes diversement célèbres disparaître sans donner signe de vie chrétienne, soit pour avoir obstinément refusé les secours religieux, soit pour en avoir été privés par un entourage plus soucieux de l'opinion d'une secte que de l'intérêt suprême et des désirs du mourant, nous nous sentons d'autant plus redevables à Mme Valentine d'avoir préservé son oncle d'un tel malheur.

Sans passer inaperçue, la mort de Lamartine (3)

1. *Recueillements poétiques.*
2. Le crucifix, *Nouvelles méditations poétiques.*
3. 27 février 1869.

laissa indifférente l'opinion publique. Tout Paris
aurait dû se lever cependant, et suivre, tête nue,
ce cercueil qui renfermait une gloire si pure, et
remercier ensuite la fille adoptive d'avoir adouci
les derniers instants du génie. Pourquoi se plain-
dre qu'il en ait été autrement ? Le dévouement
est une fleur qui ne ressemble à aucune autre. Elle
meurt au soleil, elle se développe à l'ombre, et il
n'appartient qu'à Dieu, qui en a été le témoin,
d'en être aussi la récompense.

Un décret de Napoléon III ayant autorisé Valentine de Cessia à joindre au titre de chanoinesse (1) le nom que ses vertus avaient achevé
d'illustrer, celle-ci considéra que cet honneur lui
créait des devoirs, dont le premier était d'assurer
une tombe à qui l'avait méritée, et de prendre
soin de sa mémoire.

L'une des grandes préoccupations de l'homme
est de se préparer un lieu de repos. Il nous répu-
gne de dormir n'importe où notre dernier som-
meil. Aussi arrange-t-on le cadre qui enfermera
le peu qui reste de nous-même. On prend à ce
sujet des dispositions, on marque des désirs, on
donne des ordres.

Lamartine s'était souvent réjoui à la pensée
qu'il serait enterré loin de Paris. « Je serais, je

1. Le roi de Bavière lui avait conféré, en 1858, le titre
de chanoinesse.

pense, ravi d'être endormi sóus une touffe d'herbe quelconque, pourvu que ce ne soit pas l'herbe du Père-Lachaise (1). » Saint-Point l'attirait de préférence. Songez à tout ce que cette vallée contenait déjà de précieux : sa sainte mère, sa fille, une domestique qui avait soigné Julia, et cela pour bien marquer qu'il aimait les humbles, autrement que la plume à la main, qu'il ne se contentait pas d'écrire l'histoire d'une servante, comme *Geneviève,* mais qu'il reconnaissait sa fidélité, en lui faisant, après la mort, une place parmi les siens.

Malheureusement, le désastre financier du défunt avait été tel que Saint-Point même était menacé.

Mme Valentine s'employa de toutes ses forces à le conserver. « Je suis si malheureuse, écrivait-elle, que je ne m'inquiéterais de rien, si n'était cette tombe, que je ne puis me résigner à voir aux enchères, possédée par un autre. Si le sang pouvait donc se monnayer, je le donnerais tout entier pour la racheter (2). » Elle y réussit enfin, à travers quels obstacles et quels sacrifices, Dieu seul le sait !

Saint-Point restera dans la famille. M. de Montherot vient ,d'en faire l'acquisition. Il est digne

1. Lettre à M. de Chamborant, 1861.
2. Lettre de 1869. *Lamartine inconnu.*

d'y résider, étant le fils de celui que Lamartine désignait ainsi :

Ami, plus qu'un ami, frère de sang et d'âme (1).

Mme Valentine n'omit rien non plus de ce qui pouvait honorer la mémoire dont elle se disait simple dépositaire. Il y avait des poésies inédites à publier ; elle les publia. Il y avait toute une correspondance qui devait montrer l'homme sous un jour plus intime, elle en forma six volumes. Elle faisait enfin paraître, en 1892, un choix de lettres adressées à Lamartine, et qui sont autant à l'honneur des personnages qui les ont écrites qu'à celui du destinataire.

Mais il faut avouer que, dans les premiers temps du moins, le public ne s'intéressait que médiocrement à la plupart de ces œuvres posthumes.

Lorsqu'on écrira l'histoire de la littérature française, dans les quinze années qui ont suivi la guerre de 1870, on se trouvera en face d'un double phénomène contradictoire qu'il est malaisé d'expliquer. D'une part, le romantisme est fini, bien fini, et cependant l'homme qui en a été le créateur et l'incarnation souveraine, Victor Hugo, est déifié de son vivant comme pas un de ses prédécesseurs ne l'a été. On fête avec tapage ses moindres anniversaires.

1. *Voyage en Orient*, t. Ier.

Et en même temps que cette idole encombrait l'autel de la poésie, le naturalisme éclatait, grandissait, submergeait tout de son écume. C'était une catastrophe et une honte de plus. Écrasés par le chiffre, par la force, nous éprouvions un invincible besoin de croire qu'il y a autre chose. Or, le naturalisme ne nous entretenait que de la matière, de la concurrence vitale, du darwinisme appliqué à la littérature.

Pour nous refaire un tempérament et nous infuser un sang nouveau, après les pertes nationales qui nous avaient épuisés, le naturalisme ne trouvait rien de mieux que de supprimer la volonté au profit de l'hérédité, du milieu, des fatalités physiques et physiologiques. Enfin de rudes expériences pouvaient nous faire douter de la bonté de la vie et de la réalité du progrès. Il fallait à tout prix qu'on nous réconciliât avec l'existence, qu'on nous apprît à la supporter. Le naturalisme, au contraire, prenait plaisir à soulever notre cœur en décrivant toutes les laideurs réelles ou imaginaires du corps et de l'âme.

Le goût public ainsi perverti, Lamartine ne pouvait être qu'un oublié, un dédaigné. Il est tellement le poète de la foi, de l'âme, de l'idéal, qu'il n'a jamais pu réussir dans l'ironie et dans la satire; car l'ironie implique un doute, et la satire est presque une malédiction.

Mme Valentine souffrait pour son pays et pour son temps de cette aberration, qui blessait aussi sa piété filiale. Peut-être cependant s'y résignait-elle plus volontiers qu'on ne pense, d'abord parce qu'il lui semblait que, dans ce silence universel, Lamartine lui appartenait davantage, et puis parce qu'elle comptait sur les éclatantes réparations de l'avenir. L'heure de la justice sonna enfin. C'était, à peu près, vers 1886. Le ciel littéraire, obscurci jusque-là, s'éclaira soudain. Honneur aux professeurs, aux romanciers, aux critiques qui furent les chefs de cette réaction. Ils s'appellent Émile Faguet, Paul Bourget, Jules Lemaître, Ferdinand Brunetière. Cela leur a porté bonheur.

Le mouvement de sympathie croissant toujours, Mâcon prit l'initiative du centenaire et la France suivit.

Tant que je vivrai, je me rappellerai le village de Saint-Point tel que je l'ai vu, dans la journée du 20 octobre 1890, décoré comme pour une Fête-Dieu, par les fils et les petits-fils de Claude des Huttes, le tailleur de pierres. Je trouvai Mme Valentine tout émue de ce qui s'était passé le matin. A sept heures, sous la pluie battante, devant une assemblée où toutes les opinions étaient représentées, le président de l'Académie de Mâcon s'était écrié, en se découvrant sous le porche de l'église : « Messieurs, Lamartine allait là ! » Et tout le monde d'y entrer avec lui et d'entonner spontanément le *Libera* d'une seule voix et d'un seul cœur.

Il me fut donné d'assister à une cérémonie qui, quoique d'un caractère différent, n'était pas moins touchante.

Figurez-vous un interminable défilé de pauvres gens en blouse, en bonnet et sabots à la main, qui entrent gravement dans le salon, saluent la maîtresse de céans, se dirigent d'instinct vers le buste du poète, un de ces bustes où il y a plus d'inspiration que de marbre, le contemplent avec une piété reconnaissante, et sortent ensuite comme d'un sanctuaire. « Aujourd'hui, leur disait Mme Valentine, le château vous appartient. »

Alors seulement j'ai saisi les affinités secrètes qui unissent le vrai peuple à l'homme de génie. Ils ressemblent l'un et l'autre à l'enfant dont ils ont la candeur et les intuitions.

Le lendemain, c'était la fête religieuse à l'église Saint-Vincent. L'évêque d'Autun parla après le dernier Évangile, avec cette élévation, cette émotion contenue qui caractérise son genre de talent. Son discours restera comme l'une des pages les plus brillantes de l'éloquence sacrée, au xixᵉ siècle, celle qu'on citera de préférence pour démontrer l'accord permanent entre la religion et les lettres.

Mme Valentine écrivait : « Le discours de Mgr Perraud a été superbe, superbe (1). »

A tous ces *Te Deum,* elle pouvait ajouter le *Nunc dimittis.* Sa santé était menacée depuis longtemps. Bien que fatiguée par une toux incessante, qui jointe à une timidité naturelle lui rendait la conversation assez difficile, elle n'en recevait pas moins étrangers et amis avec sa grâce habituelle. Elle était si reconnaissante de la moindre visite ! Il suffisait pour l'aborder, de prononcer deux mots qui équivalaient à une formule magique : J'admire Lamartine ; les portes s'ouvraient d'elles-mêmes.

Que de fois j'allais la voir dans ce petit entresol de la rue Saint-Philippe-du-Roule qui avait toute l'intimité d'un foyer, presque le mystère d'un oratoire !

Avec une importunité qu'elle ne décourageait pas, je trouvais toujours le moyen de ramener la conversation sur l'oncle immortel. Elle m'initiait à ses lectures de prédilection, me décrivait les lieux où il avait vécu, les paons familiers qui becquetaient dans sa main, les violettes qui fleurissaient, toute l'année, sur la terrasse de Monceau ; puis elle me disait les admirations qu'il avait suscitées dans le clergé, celle du P. Gra-

---

1. *Lamartine inconnu.*

try, en particulier (1), ajoutant d'ailleurs que Lamartine aimait les prêtres d'un « amour presque fraternel » et que, comme eux, «, il rapportait tout à Dieu. »

Chacun de ces entretiens se terminait invariablement par cet aveu : « Je vis en arrière... j'ai un idéal », suivi d'un commentaire du vers célèbre :

Un seul être vous manque et tout est dépeuplé (2).

Cependant le mal dont elle était atteinte empirait de plus en plus. Une crise terrible faillit l'emporter à Saint-Point dans le dernier hiver. Elle put cependant se rétablir assez, au moins en apparence, pour rentrer à Paris, y terminer quelques affaires et mourir. Ces affaires étaient relatives à la construction d'une école tenue par des religieuses, dans son village bien-aimé. Un acte de charité chrétienne a donc été le dernier battement de son cœur.

Une nouvelle crise se produisit bientôt qu'on ne put conjurer. C'était la fin. Elle le comprit, fit venir le prêtre qui lui parla de Dieu et de ceux

---

1. « Il y a des âmes lumineuses que j'ai aimées de tout temps, sans avoir jamais rencontré l'occasion de communications directes... Si elles disparaissaient de cette terre avant moi, je serais étonné, désolé de ne les avoir jamais embrassées. Or voici la plus lumineuse de ces âmes qui daigne me saluer la première. Quel bonheur !... » (Lettre de l'abbé Gratry à Lamartine, 1857.)

2. *Premières méditations*, l'isolement.

qui l'attendaient là-haut. De son lit, elle pouvait fixer les traits de son oncle qui étaient, avec le crucifix, tout l'ornement de la muraille. Même quand ses yeux se fermaient, c'est de ce côté qu'elle se tournait encore. Deux nièces la veillaient avec un incomparable dévouement (1).

Elle répéta plusieurs fois : « Horreur, horreur ! » C'est qu'en effet la mort, en tant que désorganisation, répugnait absolument à cette nature qui avait le culte de la beauté. Elle dit aussi : « Pourquoi ma chambre est-elle remplie de brouillards ? » Elle aimait tant la lumière extérieure, symbole de celle dont son âme était inondée. Elle est morte le 17 mai 1894. On ramena ses restes à Saint-Point, dans le caveau qui fut scellé, après la cérémonie, et qu'on ne rouvrira plus. Elle est trop heureuse de dormir auprès de son oncle, pour que nous songions à la réveiller.

On a écrit : « Il est plus doux de s'associer aux deuils des grands hommes qu'à leur gloire. Leur gloire est à tous. Leurs douleurs sont à ceux qui les aiment. »

J'estime qu'après Mme de Lamartine, celle que je viens de louer a pris la plus large part aux douleurs du poète et que personne ne l'a plus aimé.

1. Mme Léontine de Parséval et Mlle L. de Belleroche.

❈

Paris. — J. Mersch, imp., 4ᵇⁱˢ, Av. de Châtillon.

www.ingramcontent.com/pod-product-compliance
Ingram Content Group UK Ltd.
Pitfield, Milton Keynes, MK11 3LW, UK
UKHW021146140726
13695UKWH00005B/1971